GRIGO

LAS ENSEÑANZAS DE GRIGORI GRABOVOI
SOBRE DIOS

CONSTRUYENDO AL HOMBRE CON LUZ

Seminario del autor creado por Grigori Grabovoi
el 18 de Enero del 2005.

Copyright @ 2019

G.P. Grabovoi

Las enseñanzas de Grigori Grabovoi sobre Dios. Construyendo al hombre con Luz.

El texto de la obra fue creado por primera vez por Grigori Petrovich Grabovoi durante el seminario del 18 de Enero del 2005. Al crear el seminario, se utilizó un método de desarrollo eterno con una predicción exacta de los eventos futuros. La confirmación al 100% de las predicciones de G.P. Grabovoi han sido comprobadas por protocolos y testimonios publicados en los 3 volúmenes de la obra «Prácticas de Control – El camino de la salvación.». Al crear el texto del seminario G.P. Grabovoi recibe primero un pronóstico exacto de los eventos futuros y luego crea un texto que enseña el desarrollo eterno, teniendo en cuenta los eventos futuros específicos que concierne a cada persona y al mundo entero.

18 de Enero del 2005

Hola. El tema de este seminario es mis enseñanzas sobre Dios. Construyendo al hombre con Luz.

Aquí expondré, cómo construir la estructura del hombre en términos de la Luz misma, a través de la transformación de la Luz. En primer lugar, obtener el color y la Luz del hombre en el espacio de control, y después podrás ser capaz de construir, en términos generales, el cuerpo humano físico. Será posible crear una estructura de control con este método, de tal manera, que también serás capaz de construir la Luz de tus propias actividades.

De hecho, cada siguiente nivel de Luz es un control en relación con el nivel anterior, y viceversa. De hecho, el nivel anterior es también un nivel de control mutuo. Significa que todo el control es único, ya que la Luz a menudo posee propiedades isomórficas en el control, por ejemplo, existe un control bastante universal que va desde un nivel a otro.

Para esto, supongamos que, tenemos el control, por así decirlo, de tipo infinito -si consideramos la tarea de lo que hace la Luz infinita, ¿sí? Y esto significa, que la Luz infinita se puede identificar en la forma de una línea local en el control. Así resulta que cuando nosotros, supuestamente, llevamos a cabo el control en el medio infinito llegamos a esa Luz, que se manifiesta por una especie de masa muy grande en el entorno infinito y que se fija en la forma de algún segmento local.

Y si consideramos la correlación, entonces cada elemento de la realidad se puede comparar con la acción de Dios: el Dios infinito se proyecta, por ejemplo, en el cuerpo humano físico finito, ¿Sí? Hay algunos puntos específicos "finitos", en términos de tamaño, en formas geométricas específicas, y en donde el contacto entre Dios y el hombre da un nuevo nacimiento al color y la Luz, bueno, esto es como un cierto destello. Ahora, si simplemente planteamos la pregunta, ¿de dónde viene generalmente la Luz inicial? ¿Cómo es percibida al inicio? en el contacto de Dios y el hombre, que es el contacto del pensamiento de Dios y del cuerpo humano físico. ¿Sí? Las acciones de Dios y la realidad de Dios y el cuerpo físico humano dan un nacimiento, crean una especie de destello, que es esta Luz. Aquí, precisamente, en el entendimiento humano, la realidad de Dios es un espacio de pensamiento, que particularmente contiene la Luz Pristina. Y esta Luz Original se encuentra realmente, en una especie de un cierto contorno cerrado en un humano, ¿Sí? Y este contorno es como se nutre al hombre desde el interior.

Si hablamos del pensamiento en sí, por ejemplo: la acción en sí, el pensar. Entonces, nos preguntamos ¿cómo estos sistemas existen en el espacio de control? ¿Cómo se mueve un pensamiento en general? por ejemplo, ¿Dónde se encuentra? Es posible percibir el pensamiento, en principio, en la forma de una esfera, en forma de Luz, pero para considerar los siguientes mecanismos de control —¿Por qué se mueve el pensamiento? ¿Por qué se mueve en el espacio de la información? Entonces es posible revelar esta Luz primordial, e iluminarse a sí mismo, o a otra persona con esta Luz- Así es como se puede construir el cuerpo físico humano.

Si brillamos como el reflejo de esta Luz, que es la Luz Primordial dentro, y luego hay otra Luz más allá de algún tipo de membrana pensante, ¿Sí? Pero esto es Luz, que en realidad has creado debido al hecho de que tenías una mirada más allá de esa membrana, ¿Sí? Aquí resulta ser la Luz de tu alma. Y aquí se puede ver muy claramente la Luz del alma, que tiene ciertos tonos de color azulado, en este caso, y se cruza con la Luz prístina plateada, por ejemplo, que tiene algunos tonos azulados en el interior, aquí. Ese tono de azul oscuro y azulado (color) es el nivel de transición, que es el color dando nacimiento a una forma. Es decir, cuando transferimos, por ejemplo, directamente el color del alma, entonces podemos ver, que resulta ser una forma de un pensamiento en sí mismo, una forma de pensamiento en sí, que es primordial, de hecho, como un embrión humano. Por lo tanto, un pensamiento nace por analogía, como el embrión humano comienza a desarrollarse, y resulta que el proceso de pensamiento está subordinado al mismo proceso, de hecho, como el nacimiento del hombre en esencia, precisamente desde el inicio, ¿Sí? Y desde el inicio de su organización. Resulta que podemos comparar los niveles de control de un tipo. Por ejemplo, lo que le sucede al hombre en un cierto nivel de pensamiento, por ejemplo, lo que piensa, sería como su futuro.

Por lo tanto, podemos en el principio, poner algunos pensamientos sobre este eje del desarrollo humano, de hecho, desde el embrión, —y ver que pasaría entonces. Para esto, nosotros, en general, debemos mirar como en el hombre, se desarrolla a partir de este punto. Por lo tanto, tenemos que equilibrar cualquier punto de información: por ejemplo, un embrión humano, un pensamiento es un sistema unificado de desarrollo. Y aquí resulta ser la Luz Verdadera, que se relaciona con todas las personas-. La Luz del Amor Divino Universal, donde el amor es un cuerpo físico. Por lo tanto, es posible asignar un segmento justo dentro del cuerpo, directamente en el sistema de tejido, donde el amor de Dios y el hombre es un cuerpo físico, y está claro que este es el cuerpo. Pero no puede seleccionar un segmento, ¿Sí? Y es posible como si te alejas un poco de este nivel y miras un cuerpo físico sano. Es decir, donde el amor de Dios y el hombre se unen en una Luz armoniosa, allí está un cuerpo físico sano, que se encuentra un poco más lejos de este nivel, pero el cuerpo físico infinito se encuentra en el nivel de contacto de este Amor Universal, por así decirlo, con el hombre mismo en su entendimiento, aquí es donde llegamos a la raíz del pensamiento, en la raíz del pensamiento.

Y, cuando nosotros empezamos a pensar de esta manera, entonces podemos ver el mecanismo de desarrollo del pensamiento, que es una fase de pronóstico. Tenemos una idea o pensamientos, ¿Sí? Por ejemplo, o hemos percibido un evento. Se debe entender, que la percepción no siempre está en el pensamiento, y ciertos niveles de control, cierta realidad mediana puede ser percibida por la clarividencia, pero el pensar es como el producto de la actividad mental, que es en realidad el control de la Luz.

Así, cuando el hombre piensa, debe realizar ciertas manipulaciones en su conciencia con su voluntad, con el fin de obtener el control con este segmento de la Luz, precisamente con el segmento, que es como un producto del pensamiento. Entonces en primer lugar, podemos ver el mecanismo de interacción de pensamientos entre sí, y luego podemos ver como el cuerpo físico está conectado con el pensamiento. Por lo tanto, aquí se da la construcción precisamente de un cuerpo físico, donde se habla, dónde el concepto de construcción es como construir una estructura, ¿Sí? Para hacer un sistema celular, pero para construirla específicamente Es ser capaz de poder tomar algún nivel elemental allí y conectarlo con el siguiente nivel, eso es construir.

Así que, la construcción sigue siendo un sistema de proceso y, por lo tanto, es necesario utilizar al máximo el aparato de pensamiento, debemos construir el cuerpo, mediante la identificación de la interacción del pensamiento y la información. Pensar es un producto como si fuera un cuerpo, que también está ligado inseparablemente con el cuerpo. No hay puntos de discontinuidad entre el pensamiento y el cuerpo desde el punto de vista de Dios. Ese es un nivel absolutamente monolete porque el pensamiento de Dios es el hombre. Así que, Dios piensa, y así, él se crea a sí mismo, el mismo, como resulta ser, es también un producto de su pensamiento.

Entonces, la Luz Universal, la dinámica de la Luz adquiere una forma estable, y cuando el Amor se introduce allí, es como si una forma prístina, que es el Amor Universal, Amor por todo a la vez, por así decirlo. Y este Amor Universal, es incluso una propiedad Universal del Amor en acción de todos. Y este Amor Universal y de acción, comienza como si estuviera floreciendo, comienza a crear los siguientes colores. Por lo tanto, la acción introducida, como el Amor, organiza un entorno particular, por decirlo, así, la superficie de control y esta superficie, está constantemente en una especie de estado como si fuera una vida primaria infinita.

Por ejemplo, si miras, con la percepción en los sistemas muy remotos y tratas de entender, lo que está allí a la distancia infinita, entonces existe la percepción de un cierto movimiento, es decir, una especie de vida distante, ¿Sí? Por lo tanto, resulta que esta vida distante, es como si fuera la única, que no se diferencia en la forma de manifestaciones específicas, de hecho, este fenómeno, por decirlo así, de esta percepción de la información, es un mecanismo poderoso para el tratamiento de los seres humanos. Porque tan pronto como una persona percibe que todo lo que es más remoto es vida, entonces el Dios, que esta tanto lejos como cerca, siempre significa vida: La vida coincide con la estructura de Dios. Entonces la vida es eterna, ¿Sí? Porque Dios es eterno. Es decir, hacemos un bucle en esa estructura, donde la vida está dentro de Dios. Eso está protegido como la vida de Dios, que es eterno para ti.

Y resulta que aquí este sistema de bucles está pensando, pero ya es el pensamiento de Dios. Eso es, por supuesto, que la vida es eterna al pensar en Dios. Si Dios te percibe, y tú eres la realidad, desde el punto de vista de Dios, para Él tanto un pensamiento como una realidad significan uno y lo mismo -así que significa que tú eres eterno. Hay una transición donde el cuerpo no es diferente de un pensamiento-. Es por lo que yo introduzco particularmente esta concentración de control, en este caso.

Por lo tanto, hay tal Luz, que posee ciertas propiedades — Yo específicamente lo muestro -y esta Luz se encuentra a una cierta distancia. Es importante ver un lugar concreto allí. El hecho es que generalmente siempre muestro el lugar geométrico, principalmente la acción. Eso es también una acción específica a distancia, ¿Sí? Pero este es un lugar específico en este caso, donde el color y la Luz se mueven directamente desde ese lugar. La Luz de la vida organiza el sendero. De hecho, el hombre puede ver la Luz de Dios, así es como Dios va hacia el hombre, y como Dios le transmite conocimiento. Y cuando empiezas a ver esta estructura, entonces el origen de la vida precisamente es allí en el Planeta, por ejemplo, en la comprensión de la naturaleza allí, ¿Sí? En la comprensión de cómo, si ese nivel macro es ese nivel, que le permite ver realmente, que también todo en la naturaleza se construye de acuerdo con un cierto algoritmo similar.

Es decir, cómo no perderse, por ejemplo, en algún sistema desconocido, allí, en el sistema vectorial o en algún área. Por lo tanto, algunos puntos de referencia son conocidos en el sistema vectorial, ¿Sí? Si no se conocen los puntos de referencia, ¿cómo puede alguien no perderse? Es decir, aquí es necesario seguir el mismo principio de analogía. Ese es el desarrollo del feto del hombre aquí, ¿Sí? Hay desarrollo del pensamiento, y, como he dicho, hay una ley de tipo aquí, para moverse directamente allí o en alguna dirección, por ejemplo, puedes simplemente establecer el objetivo de control en forma de pensamiento: Por ejemplo, es necesario llegar a un lugar específico.

Y cuando, por ejemplo, quieres entrar en este lugar, entonces resulta que, en principio, se puede establecer el pensamiento -solo generando el lugar, ¿Sí? Para decir así, donde quieres llegar, y luego el camino a este lugar es la estructura, que también se desarrolla por el mismo nivel de un solo tipo, como un feto humano. Es posible, en principio, ir allí en el nivel de desarrollo de cualquier otra estructura, por ejemplo, exactamente, hipotético o un ejemplo comparativo, puede ser considerado allí, como el desarrollo de un árbol.

Pero un árbol se desarrolla debido a los otros sistemas, veras solo el sistema exterior de la realidad, por ejemplo, no es el cielo, como se mueven las nubes. Pero para moverse por si mismas, es necesario que tu veas, como el hombre se desarrolla.

Y si podemos decir, como el feto humano siempre se desarrolla, cuando hay exactamente un desarrollo tan favorable, siempre está claro para todos, que hay un nivel apropiado de desarrollo. Y aquí resulta que, con el fin de entender, como moverse en general aquí, para entender, y como moverse correctamente al lugar correcto. Nosotros necesitamos proyectar este objeto de información, como si fuéramos a pensar en el propio pensamiento, y establecer el sistema de coordenadas, por lo que, el segmento del área debe reflejarse en el pensamiento.

Y es por eso, que yo muestro la estructuración del hombre como si fuera comparativo a la construcción. Por lo tanto, esa es una realidad externa, y, de hecho, allí hay como si el nivel de Luz de la percepción humana, es decir, el hombre es percibido en forma de un nivel directamente primario de percepción, es decir, la Luz primaria, y luego el hombre comienza a construirse a sí mismo. Es por eso, que, para identificar la Luz primaria, es necesario establecer correctamente las funciones de la percepción, ¿por qué la percepción es generalmente necesaria? La respuesta es "para orientar". Pero, bueno, la primera propiedad de la percepción es percibir algo, o reaccionar ante algo, ese es el primer nivel de orientación. Pero la percepción es también un producto del pensamiento, por lo tanto, es el acto del Alma, y la percepción de Dios es la realidad misma.

Por lo tanto, aquí el acoplamiento de la percepción humana y la percepción de Dios es como una acción universal, similar a lo que es el pensamiento, como el pensamiento universal de todos los elementos de la realidad, ¿Sí? Decirlo así, a manera de hablar. De hecho, cada elemento de la realidad tiene un elemento, que se llama pensar para un ser humano. Y nosotros hacemos las propiedades de pensar para ser sistemático, es decir, comenzar a usarlos, para el movimiento alrededor del área o, por ejemplo, para regenerar el cuerpo con un pensamiento. Después de todo, el pensamiento y la realidad para Dios son iguales, nosotros podemos encontrar el punto, donde también se implementa, pero entonces la Luz del pensamiento debe ser la misma que la Luz del cuerpo.

La tarea para la percepción es simple: Se asigna el área de la Luz del cuerpo y la Luz de pensamiento en la percepción, en la fase de control de la percepción, esta área debe ser prácticamente la misma. Esa es el área... La intensidad de esta Luz debe ser la misma, ¿Sí? La misma ubicación en el espacio de la percepción, de hecho, todo debe ser igual. Pero entonces la opción más fácil es tomar y ver la imagen del hombre con el pensamiento, otra vez, y como si nos encontráramos a nosotros mismos en esta imagen, ¿Sí? Pero para obtener la Luz divina, debes ver la Luz de Dios, tu acercamiento a Dios resulta, que la Luz de Dios se hace más intensa, y luego, resulta, que vemos la Luz en el pensamiento y (la Luz) en el cuerpo es la misma. Pero si hemos encontrado algún punto, y el hombre necesita ser percibido en forma compleja -entonces necesitamos poner la acción en un órgano, ¿Sí? En algún lugar, incluso para la recuperación preventiva, no necesariamente para crear un tejido allí.

Aquí resulta, que es necesario saber en qué punto opera esta Luz, exactamente la Luz conectada, y como se aplica a un sistema especifico, si hay regeneración, o restauración de algún tejido, o está afectado todo el cuerpo. Y la diferencia entre una acción privada local, cuando esta Luz entra en contacto con un sistema, un órgano o una célula, y una acción general, cuando (la Luz) entra en contacto con todo el organismo, entonces esta diferencia muestra el camino, cuando Dios le muestra al hombre como evolucionar hacia el infinito, pero a expensas del valor final; algún movimiento finito allí, por ejemplo, un pensamiento final, donde hay una especie de fin de pensamiento. Un pensamiento del hombre es finito, solo cuando Dios da un desarrollo infinito - surge una especie de axioma.

Pero luego resulta, que se ve claramente, que los resucitados siempre están allí en un desarrollo infinito. Eso es suficiente para recordar a una persona y esa persona ya está resucitada en un cierto espacio, y luego resulta que lo único importante es obtener ese espacio desde allí hasta aquí. Es decir, el espacio de pensamiento debe corresponder al espacio de la realidad. Por lo tanto, aquí nos trasladamos a un espacio de realidad universal. Es por eso, que se necesita la plena resurrección de todos y la restauración de cualquier objeto de información de tipo creativo, porque aquí es precisamente la acción de Dios - la creación del espacio físico, que está bajo el control del hombre.

Por lo tanto, es posible, por ejemplo, llevar a cabo el control durante tanto tiempo, probablemente, incluso durante algún tiempo, que este cerca del tiempo infinito, pero cuando el control es solo al exterior. Cuando el hombre evoluciona como tecnólogo y es capaz de controlar todos los procesos de la realidad - teóricamente hay que ser capaz de hacer eso, y por cierto, es comparativamente rápido para aprender esto en general, pero ¿cómo asegurar que la realidad, la llamada "realidad exterior" es sustentable, en general, y que no va a suceder nada en absoluto con el sistema de la organización mundial que como tal, allí?

Por lo tanto, el elemento más importante aquí es en realidad, el nivel de correspondencia del pensamiento y la realidad, el pensamiento y la realidad son uno y el mismo.

En el nivel de construcción de una persona con la Luz, se puede hacer incluso por la técnica, por lo que, transmitir la Luz en forma de micro fotones allí, cualquier corpúsculo, cualquier partícula entre la piel, los músculos, e introducirlos en cada célula. Y aquí su parte de proyección muestra el camino a Dios a través del órgano humano, así es como la consciencia y el cuerpo interactúan. Y hay una acción inversa. Si el camino a Dios es conocido a través del órgano, a través de la proyección de todos los sistemas fotónicos luminosos, entonces el camino de retorno es exactamente conocido. Y así, usted puede restaurar cualquiera de sus órganos a través de su conciencia para recuperar, no solo el suyo, porque se puede imaginar cualquier otro nivel, y va a hacer que la Luz de su pensamiento estructure a otra persona, ¿Sí? Crea órganos o crea realidad.

¿Y cuál es la diferencia, por ejemplo, en la construcción del hombre en la Luz, y la creación? De hecho, la creación es a menudo un proceso instantáneo, la construcción presupone la presencia. Bueno, el hombre es como si intuitivamente entendiera, que hay algún paso siguiente, algunos sistemas de elementos deben ser construidos, pero Dios crea, y crea al instante. Por lo tanto, es por eso que el concepto de construcción implica aun la capacidad para construir un sistema de interacción; como si "se construyera "en línea": Es decir, una línea, un sistema coherente de conocimiento, si se distribuye de acuerdo con este nivel de conocimiento del sistema.

Por lo tanto, hay un mundo exterior, con características de peso, existe el aire, el oxígeno, los alimentos, y así sucesivamente. y si puedes tomar y construir el sistema, mediante el uso de esta línea y cierta forma de conocimiento, — para construir al hombre con la Luz, entonces resulta, que siempre puedes construir al hombre. Por lo tanto, puedes llevar a cabo, las acciones de control de Luz, que es una manera para construir al hombre en cualquier segmento, debido a los sistemas de Luz, y como he dicho, a menudo es solo un pensamiento, pero pensar, en lo que resulta ser correcto.

Por lo tanto, si necesitas conseguir el pensamiento, que funcionaría como una palanca, por ejemplo, ¿Sí? Y la superficie del pensamiento se debe manifestar gradualmente, luego, para construir un órgano a cierta distancia - como en la información, ¿Sí? O para recuperarse, solo tiene que encontrar un punto de control en esta palanca, específicamente como si fuera un punto de control centrado, cuando esta capa, una especie de nivel, por así decirlo, es un cierto nivel de superficie de pensamiento en realidad. Así que empezamos a visualizar el pensamiento, a sentir el pensamiento, ¿Sí? Para ver el pensamiento, como un sistema del propio cuerpo. Y cuando empezamos a ver el pensamiento como un sistema del propio cuerpo, cuando el cuerpo es indistinguible de la idea, entonces encontramos claramente este punto, se encuentra en sí mismo, es suficiente solo concentrarse en él, y la construcción de un cuerpo o una célula comienza a ir en conductividad directa.

Aquí está un elemento muy interesante de control, cuando no perdemos la conductividad de la señal de Luz, incluyendo cada impulso, que impacta y se produce en el espacio de control, entonces esta línea comienza a propagarse en todos los puntos alrededor del Mundo, y sigue siendo una acción discreta. En este caso, trabajamos como si en la misma superficie - resultara ser real. Esta superficie es tal, por ejemplo, que, si se visualiza, podemos compararla con un hongo, ¿Sí? La superficie de la seta es el pileus. Aquí, mientras trabaja en la superficie de la seta de alguna manera, sin ir más allá, pero dibujando una línea con un dedo, por ejemplo, causamos alguna reacción del hongo. Pero, en términos de la reacción del hongo, como un ecosistema monolítico, entonces parece, como si nosotros no hubiéramos producido ninguna acción, para el pileus, pero desde el punto de vista del hombre, es el contacto con el elemento del mundo exterior. Pero el hombre percibe que, si es un hongo, entonces algo sucede: o se siente, o no se siente, ¿Sí?

En términos de la lógica, tal vez creas que realmente no se siente algo. En cuanto a la lógica divina, en relación con el espacio de interacción de toda la realidad con nosotros, entonces si posee el mismo nivel de actividad en la realidad universal; para que la realidad refleje su acción como una bastante polifacética, por decirlo así. Bueno, en principio, el hongo puede ser dañino, venenoso o no, ¿Sí? Incluso eso es ya una manifestación de su acción, que es una acción comparable - afecta al hombre. Y resulta que, cuando se ve tal acción de un hongo, por ejemplo, que no es un punto clave, cualquier elemento puede tener un efecto comparable, entonces se puede ver, que el hombre vence a la realidad debido a su Luz interior, a esta Luz Divina, que determina su movimiento en el espacio de los sistemas multifactoriales, que son idénticos, en principio.

He mostrado con el ejemplo de un hongo, que sigue siendo el mismo nivel en términos de control, que puede afectar el control, e impactar el estado humano. Resulta que, si una persona se come el hongo, y no es muy bueno, entonces afecta la salud, y así sucesivamente. Por lo tanto, para no tener ningún impacto en la salud humana, el hombre siempre se desarrollará independientemente de las situaciones, ¿Sí? Ya sea en lo externo o en lo interno, esta Luz Divina en particular, la imagen de la Luz del hombre que no es sujeta a la influencia externa, es la Luz que no puede ser oscurecida.

Eso es, si, por ejemplo, haces la siguiente pregunta, ¿Que existe entre la percepción y el cuerpo físico?" Entonces hay cierta percepción, como si fuera en el medio de la información, y hay un cuerpo físico. ¿Cuál es la materia que existe entre ellos? Entonces resulta, que, de hecho, hay cierta materia entre estos elementos, que es la cuestión de la raíz del espacio del pensamiento. Hay sistemas bastante inertes, pero muy densos en términos del control de la Luz, en comparación con la información como tal, y esta es la profundidad del Mundo desde el principio del Mundo, en general, hablando. Es decir, cada pensamiento tiene un sistema de organización mundial en la raíz. Eso es cierto, porque cada pensamiento, proviene del pensamiento primario de Dios, y Dios creó el Mundo, por lo que resulta, que cualquier pensamiento tiene un nivel primario.

Y entonces surge una situación: ¿Cual es la diferencia de pensamiento, entonces? ¿Que se debe hacer para poner alguna información en el pensamiento, por ejemplo? La materia es de un tipo, el comienzo de la organización es el único centro, y aquí esta una especie de matriz, ¿Sí? Y no hay una matriz técnica, pero es como un centro, y a hi es donde comienza este nivel de desarrollo del pensamiento. Bueno, parecía ser que, si se supiera, por ejemplo, el peso de toda la Luz, por así decirlo, en el elemento de percepción y para asignar esta matriz, entonces es posible trazar un pensamiento en la forma de un punto raíz, y ver como el sentido del pensamiento cae en el pensamiento, en otras palabras, en la materia del pensamiento. Y entonces veras como estas personalmente involucrado en la creación de pensamiento, esto es, tu personalidad, y que, en términos generales, ya existe en la forma de un cuerpo físico, por una personalidad, que es eterna, es decir, eterna en el cuerpo físico.

Y resulta que, cuando empiezas a verlo, entonces se vuelve muy claro, como se forma el pensamiento, porque se forma naturalmente por el hombre, pero él siempre se ve a sí mismo; no porque alguien le introdujo el pensamiento, sino que él piensa por sí mismo, independientemente. Y resulta que, en el orden de pensar, para tomarlo, es necesario obtenerlo de algún lugar, ¿Sí? De un medio infinito. Pero cuando el -hombre- tiene como objetivo permanecer independiente de cualquiera y pensar por sí mismo, entonces resulta que este medio solo se puede tomar de uno mismo.

Entonces, para tomarlo, ¿de quién? Del uno mismo eterno. Eso es algo muy simple de entender lógicamente. Y si es así, entonces debes verte a ti mismo como un ser eterno. Es decir, el pensamiento independiente es como un faro, resulta que utiliza la imagen de sí mismo como el eterno único. Si inicias la imagen durante mucho tiempo, ¿Sí? Para fortalecerla, y así sucesivamente, adquirirá las propiedades de la realidad.

¿Como hace Dios para pensar y convertirse en una realidad? Él tiene un elemento realmente muy simple: El Mundo Infinito, el elemento primario del pensamiento, por ejemplo, digamos; la primera Luz se pone en contacto con el Mundo Infinito, la Luz Infinita comienza a reflejarse repetidamente y adquiere las propiedades de la realidad. Solo dos elementos son suficientes para obtener este elemento: El entorno exterior infinito y un impulso. Es todo. Este impulso se convierte en realidad. Y lo dije bastante breve, pero, de hecho, en cuanto a la Luz de los elementos, es así. Y resulta que, por ejemplo, con el fin de obtener la realidad eterna para el hombre, ¿Sí? Luego, por ejemplo, el impulso crea la realidad eterna, debe obtener el elemento consecutivo desde el siguiente impulso y controlar la consciencia.

Bueno, ¿Para qué especialmente necesita el hombre la consciencia activa? Así que, el siguiente impulso debe ser controlado, de nuevo el siguiente impulso debe ser aún más bajo control, que es el desarrollo de la mente, para ponerlo simplemente, ¿Sí? Este es un método más bien metodológico para entrenar el desarrollo de la percepción, en general, una especie de mente, una acción hacia algún elemento.

Aquí necesitas construir el control de tal manera, para ponerlo simplemente: Para desarrollar la mente, no mediante la lectura de un gran número de libros, por ejemplo, aunque es también una manera bastante intensa, ¿Sí? a veces puede suceder..., que no está escrito en los libros, pero tienes que hacerlo, ¿Sí? Entonces resulta, que debes expandir el pensamiento, prolongar el pensamiento hasta el nivel de un estado inteligente, es decir, tomar y hacer una posición, que percibas por tu mente. Es decir, mediante la asignación del concepto de la mente en el alma, luego a continuación, crear el pensamiento a través de la transferencia de la estructura de la percepción, por ejemplo.

¿Cuál es un atributo de la mente? Bueno, hay que pensar bien, ¿Sí? Una respuesta apropiada, es que tu creas pensamientos por ti mismo de tal manera, que, al convertir la materia de los pensamientos a expensas de las correcciones de Luz Externa e Interna de toda la personalidad, creas un mecanismo de pensamiento, pero ya de manera controlada. Y una vez que se entras en la estructura de control de tu pensamiento, este ya es el nivel de armonía primaria, y ese uno, que ha sido puesto por Dios; para su pensamiento es una muy graciosa y armoniosa realidad, y cuando empiezas a percibir esta Luz, entonces ves la Luz del Infinito.

Esto es: La raíz del nivel, ¿Sí? Y visualizas un pensamiento. Pero si muestro la estructura de control todo el tiempo, pero todavía no muestro aquí los límites claros del pensamiento, digo aquí... por ejemplo, esta es una esfera, ¿Sí? Pero las intersecciones son mucho más complicadas que la esfera. Es decir, las intersecciones internas del pensamiento son mas complicadas: Es un entorno denso y diverso, y al mismo tiempo es como si fuera el medio blando, este es el entorno de la información, pero no se percibe solo como el medio de información, y tiene una cierta densidad por percepción, incluso algo de peso.

Por ejemplo, una tarea simple: tienes un pensamiento de hacer alguna compra, para comprar algo, ¿Sí? Y ahí hay características de peso de esta. Si sacas un pedazo de Luz mecánicamente de este pensamiento, ¿habrá menos acciones? En principio, resulta que no será así, probablemente, ¿Sí? Pero si fijamos el objetivo firmemente y decimos que todo está conectado, entonces la fijación es más rígida, las conexiones se vuelven universales: Lo que sea que se envíe, el mismo pensamiento se preserva. Significa que el pensamiento se encuentra fuera de la materia. Y resulta que una vez que esta fuera de la materia, entonces tenemos un camino muy simple hacia Dios.

Un sistema fuera de la materia es antes de la materia, y por lo tanto resulta que el pensamiento es eterno, de hecho. Tu propio pensamiento, que has reproducido por ti mismo, parece tener las propiedades de la eternidad. Quiero decir, no importa que se reproduzca algún sistema, alguna información, algo de Luz, pero que, en términos generales, tiene propiedades muy específicas; las propiedades de la eternidad en una posición determinada, ¿Sí?

Por ejemplo, existe una propiedad de la materia, que es posible explorarla de tal manera, que para encontrar alguna propiedad que necesitemos, o una propiedad única, por ejemplo. En este caso, este es el atributo de la eternidad, que prácticamente necesitamos mucho. Cuando, implementamos esta propiedad, luego mediante su uso, encontramos el camino a el análisis de otro entorno, porque, donde hay un ambiente eterno, entonces, se puede explorar todo a través de este medio, es un aparato Todopoderoso, un Aparato Universal de investigación. Ahí es donde hay una característica de la eternidad, significa que naturalmente encontraran el numero eterno de sistemas, métodos y recursos en control. Es posible encontrar cualquier respuesta en la cantidad eterna de tiempo. Y con el fin de no prolongar como si fuese una acción en el tiempo, ¿Sí? Puedes trabajar mecánicamente: Simplemente tomas la estructura de la eternidad; aquí asignamos una propiedad de la eternidad en el pensamiento, tomamos ese segmento y con el esfuerzo de la voluntad lo comprimimos hasta llegar al punto. Eso es todo. No necesitamos buscar nada en este punto. Este punto lo tiene todo. Acabamos de tener Luz. Es decir, el espacio entre rígido, como si la materia física y la Luz es el acto de pensar, la dinámica del pensamiento en si, bueno, como si existiera una cierta plasticidad del pensamiento.

Y cuando empiezas a trabajar con el pensamiento, ¿Sí? Por ejemplo, como con el filamento del expansor, condicionalmente hablando, como para la Luz, hay estiramiento de la Luz, entonces puedes entrenar un cierto nivel de pensamiento y por lo tanto, para comparar con la estructura del tejido como si a través de las características ópticas -es decir, algo entre la materia de información y el cuerpo físico - simplemente tome este valor y substituya las estructuras del cuerpo físico, por aquellas (estructuras), que necesitan ser regeneradas, o aquellas que necesitan recuperarse. Alternativamente, se puede estirar como un sistema modelo, luego desechar los eventos, y luego simplemente poner en los eventos, fortalecerlos de acuerdo con sus sensaciones, para decirlo así, y como si los saturaras con caucho, por lo que serían como de goma.

Esto es un tipo de material, que se ve en el control como un medio elástico de goma, pero un musculo también es elástico. Por lo tanto, en este caso estamos hablando del control, sobre todo de los músculos, ¿Sí? Con el fin de alcanzar el sistema de tejido, como lo es para el tejido óseo, entonces la construcción por la Luz reflejada ya es crucial aquí.

Múltiples reflexiones ocurren debido al hecho de que el tejido óseo tiene rigidez en la información. Es decir, trabajamos aquí más con la Luz, pero esa Luz construye una materia más rígida. Es decir, si, por ejemplo, la Luz claramente manifestada, por ejemplo, construye una materia más dura. Si para construir un musculo en el caso dado, se puede utilizar algún ambiente intermedio, que no es necesariamente tener Luz brillante allí. Por qué digo todo el tiempo, que necesitas utilizar la percepción natural de sus propios músculos y tejidos, por ejemplo, ¿Sí?, es por eso que yo guardo el recurso de la Luz para la construcción, porque debes trabajar óptimamente. Necesariamente necesitas Luz para la materia dura.

Y resulta que este criterio es bastante estricto, de acuerdo con el orden de ciertas características, como he dicho. Construyendo un cierto orden de sus ciertas características y requisitos, así que, ¿por qué es necesario tener materia dura, en esta línea bien compuesta? En orden para que la Luz se pueda manifestar. Pero, desde el punto de vista de Dios, es verdad: la Luz debe manifestarse y por lo tanto, la materia dura proviene de ella. Esto es, inicialmente, bueno, como en un sentido filosófico, la Luz precisamente existe, y su manifestación puede ser diferente. El hombre puede ser esta manifestación de la Luz. Y, si encontramos tal propiedad, y nosotros, en principio, ya lo hemos encontrado en la geometría, como he mostrado ahora.

Esta es una geometría especifica. Esta propiedad de la Luz se encuentra precisamente, por ejemplo, cerca del hombre. A unos quince centímetros del corazón de cualquier persona, a partir del pecho. Eso es solo un punto, puede estar situado en un lugar un poco diferente. Y tan pronto como me estoy acercando al punto de quince centímetros - equivale a seis pulgadas - entonces comienza a activarse en sí misma, quiero decir que comienza como si se reaccionara y crea la estructura del cuerpo. Por lo tanto, resulta, que una vez la persona encuentra este punto, se acerca a ella como si fuera una distancia pequeña, y eso es todo, significa que la persona ya se ha construido en un solo impulso de Luz. Dios lo hizo de la misma manera: Él construyó el mundo entero con un nivel de Luz. Significa que la Luz tiene las mismas propiedades continuas como la materia dura, ¿Sí?

Si consideramos el espacio y consideramos las relaciones entre los elementos del espacio, podemos encontrar que tenemos prácticamente las mismas leyes entre dos áreas adyacentes, por ejemplo. Hay ciertas leyes ligeras de interacción que no cambian, por decirlo así, y no depende de la distancia o del objeto de información. Por lo tanto, la distancia entre los elementos, en términos de pasar a una cierta distancia de un fotón de la Luz es siempre la misma. Esto sugiere que es Universal: Dios siempre está presente en cualquier acción con su acción o su presencia personal allí.

Y resulta que, si queremos, por ejemplo, considerar la Resurrección Universal, es decir, cuando ocurre la resurrección universal, como se ve la tierra, ¿Sí? Podemos verlo muy claramente con el ejemplo de los planetas vecinos, porque hay sistemas estructurados cercanos, generalmente hablando, en términos generales, representan exactamente el futuro - por la forma allí, incluso por el volumen de la tierra. Es decir, el primer nivel de resurrección es Saturno con anillos, el siguiente es Júpiter. Y cuando comenzamos a llevar a cabo este análisis entonces, la resurrección universal es el volumen de Júpiter.

Así que, a continuación, empezamos a analizar eso, si todo es tan simple en la naturaleza, por ejemplo, cualquier elemento de información que existe está cerca, entonces, está claro, que el sistema es social. así que, existen diferentes medios sociales en la resurrección universal, pero allí... Ahora hay tribus, y allí están los sistemas, donde viven al nivel de los jefes, los sistemas feudales, y, en principio, la civilización tecnogénica es en esas circunstancias, que hay tales sistemas. Si hay resurrección universal, no hay nada nuevo que suceda: Estos sistemas simplemente se adaptaran a lo que existe en el nivel tecnogénica. El sistema tecno génico será solo uno de los principales y eso es todo, y gradualmente va a transmitir la experiencia en los sistemas más dispersos en términos de desarrollo de la información. Eso es todo. Resulta que no habrá nada nuevo en términos de un plan social, solo habrá más espacio, ¿Sí?

Basándonos en esto, resulta, que cuando tenemos una estructura de control, entonces se muestra absolutamente clara, que en la resurrección universal hay una restauración de los sistemas sociales en el mismo nivel, en el que habían sido, el pasado es como si simplemente se desplegara, ¿Sí? Aumentando la masa. Luego resulta que es un atributo de la vida eterna. Por analogía, ¿que necesita el hombre para vivir? Por lo tanto, todo el pasado funcionaria para la masa particular concentrada, es decir, todo su pasado, todos sus eventos pasados arreglaron la masa corporal del cuerpo, que tienen. ¿Puede depender de los alimentos...? ¿Sí?

Y cuando el hombre lo ve, entonces, en términos generales, si hablan de la nutrición, haríamos un ciclo de los eventos futuros sobre la estructura del pasado, entonces, resulta, la comida no tiene que ser tan obligatoria ni intensa; o, el hombre puede vivir, por ejemplo, cierto tiempo sin comida física, porque el hombre hace como si cerrara el sistema. Y Dios tiene un sistema físico concentrado unificado, ¿Sí? - el cuerpo físico. Resulta que, si es así, entonces Él también come comida en alguna parte. ¿Dónde la come? Significa, que Él sintetiza los eventos de tal manera, que, por ejemplo, los niveles de control del pasado y el futuro están en un ciclo en el nivel del objetivo. Por lo tanto, resulta que Dios está trabajando en la estructura del control de la meta. Es decir, Dios quiere asegurar la vida eterna, El lo está haciendo constantemente - Él toma los medios para el desarrollo eterno desde aquí, según este modelo. Y resulta que, para Él, cuantas más cosas debe cuidar, menos comida necesita. Por lo tanto, resulta que Él no puede comer, en principio, solo porque Él tiene muchas preocupaciones, y en general, no puede comer en general, si Él quiere.

Por lo tanto, resulta que, si se origina de esto, entonces es la norma, la norma fisiológica del hombre, por ejemplo, supuestamente, para curar una enfermedad, ¿Sí? Es simplemente un numero comparable de transacciones en este caso.

Lógicamente está claro, que, si hay una enfermedad, hay menos actividad, ¿Sí? Una persona necesita reaccionar a la enfermedad - el hombre- para recuperarse, y así sucesivamente. Pero si hay varias tareas, resulta que la enfermedad no está implementada, y así sucesivamente. Por lo tanto, en la construcción precisa del hombre, la estructura del intercambio de información del cuerpo físico humano, también se construye, incluyendo las tareas y así sucesivamente. Por lo tanto, resulta que lógicamente el hombre, en principio, puede realizar tantos tratos, como, en general, debe hacerlo, no hay restricciones en el número de casos, en principio. El hombre puede tener éxito en implementar cualquier sistema de control, cualquier sistema creativo. Y resulta, que, basado en esto, -si, por ejemplo, sería capaz de hacer la resurrección, que puede hacer frente a cualquier problema, para resolverlo y así sucesivamente, pero es necesario colocar estos sistemas de Luz correctamente, como la creación del hombre es la construcción del mundo exterior.

Es decir, la construcción del mundo exterior en general, por ejemplo, una casa, ¿Sí? donde vive el hombre o donde camina, un sistema de terreno. ¿Como interactúan estos sistemas con los humanos? ¿cómo se construyen? La forma más fácil de construirlo es desde el hombre. El nivel que proviene del hombre debe ser como tal, que el hombre es el centro del sistema, es un monolito, tanto físico como informativo, y uno ligero. Y, en términos generales, cualquier otro nivel, lo que permite, en principio, para entender claramente, que lo que paso, lo que estaba sucediendo, como el hombre podía percibirse a sí mismo, siempre existe, él siempre está vivo, y lo más importante es que siempre debe tener un cuerpo físico, y todos los demás sistemas de percepción deben ser como tales, de modo que desarrollaría algún sistema absoluto de autopercepción.

Por ejemplo, el hombre ha estado involucrado en alguna practica tecnológica durante mucho tiempo, se está desarrollando muy fuertemente y así sucesivamente, y en última instancia, ¿cómo va a diferenciar, que se preserva en su totalidad, en la forma de una persona, ¿Sí? El mundo es muy diverso aquí... y, por ejemplo, Dios siempre es Dios, Él siempre tiene un cuerpo humano canónico, pero de alguna manera mantiene esta concentración por el esfuerzo de voluntad. En otras palabras, El entiende claramente, que el cuerpo físico es la realidad que no cambiara.

Por qué digo, que hay allí algunos sistemas genéticos en el futuro infinito, etc. Ahora aquí, supuestamente, hay clonación, nueva tecnología de la Luz y la interacción de los tejidos y así sucesivamente, pero aquí, resulta, en este mundo, el hombre debe mantener muy bien el cuerpo con precisión en el nivel de control. Y así, una vez que llegamos a ese hecho, el hombre tiene un centro canónico muy claro, en algún lugar en el área del corazón, que el hombre esta eternamente vivo, que tiene una forma definida, que puede crear control con esta forma, entonces entendemos claramente, que tan pronto como veamos el nivel primario, el hombre crea el primer nivel de Luz, entendemos, que existe un nivel canónico en el hombre. Es decir, el hombre crea la Luz. Y tan pronto como empezamos a percibir este sistema, significa que puedes ver claramente todo, entendemos que el hombre puede controlar en general cualquier evento: Una vez que crea la Luz, puede afectar cualquier evento. (es lo que llamamos la energía del amor- para el curso no poner en el libro)

Es decir, he mostrado exactamente, en el nivel de la acción del seminario de esta conferencia, que es necesario para el hombre obtener particularmente esta Luz. Tan pronto como lo consigas, entonces cualquier sistema se convierte en sí mismo, en autocontrol. Por lo tanto, se desarrollan completa y naturalmente de acuerdo con el sistema de sus eventos personales, como generalmente es aceptado por todas las personas. Y eso es todo. Esto es muy armonioso, muy natural, al mismo tiempo: ¡El control Humano y Divino! Que es exactamente la emisión de Luz de uno mismo, de la propia forma, de la conciencia de la personalidad, particularmente del hombre en el mundo universal, tan infinito ilimitado.

Con esto concluyo mi seminario. Muchas gracias por tu atención.

NOTAS:

NOTAS:

NOTAS:

NOTAS:

NOTAS:

NOTAS:

Made in the USA
Las Vegas, NV
26 February 2021